– Tanz, Gesundheit, Lebensfreude –

Wally Kaechele

Tanz und Spiele für Bewegungsbehinderte

Ein Anfängerkurs für alle, die mitmachen wollen. ①

Zu dem Themenkreis »Tanz, Gesundheit, Lebensfreude« sind weitere Bücher der Autorin Wally Kaechele in Vorbereitung.

Für weitere Informationen wenden Sie sich bitte an:
Bundesverband für Tanztherapie e.V.
Falkenstraße 15 · Postfach 1380
D-8980 Oberstdorf/Tiefenbach
Telefon (0 83 22) 65 55 · Telex 05 458 alphof

Die Ratschläge in diesem Buch sind von Autor und Verlag sorgfältig erwogen und geprüft, dennoch kann eine Garantie nicht übernommen werden. Eine Haftung des Autors bzw. des Verlages und seiner Beauftragten für Personen-, Sach- und Vermögensschäden ist ausgeschlossen.

CIP-Kurztitelaufnahme der Deutschen Bibliothek

Kaechele, Wally:
Tanz und Spiel für Bewegungsbehinderte / Wally Kaechele. Hrsg. in Zsarb. mit d. »Bundesverb. für Tanztherapie«. – Niederhausen/Ts.: Falken-Verlag, 1981.
   (Falken-Bücherei)
   ISBN 3-8068-0581-4

ISBN 3 8068 0581 4

© 1981 by Falken-Verlag GmbH,
6272 Niedernhausen/Ts.
Fotos: Bernd Völker, Leverkusen
Illustrationen: Johanna Pracht
Satz: Main-Taunus-Satz Giebitz & Kleber GmbH, 6236 Eschborn
Druck: Neuwieder Verlagsgesellschaft mbH, 5450 Neuwied

817 2635 4453 6271

Inhalt

Zum Geleit	4
Vorwort	5
Beatspielereien	6
Zahlenballett	13
Dance Little Bird	23
Crazy Pelikan	26
Crazy Pelikan II.	32
Walzerkarussell	35
Boogietrott	40
Mondgesicht	46
Charleston	52
Fingerballett	62
Trimmy	69
Hoockey Coockey	72
K. o. (Knockout)	81
Kosakentanz	85
Der Dirigent	91
Schrittmuster	94
Abkürzungen	96

Zu allen Tänzen und Spielen gibt es Begleitmusik.

Ambros Seelos:
Musik und Bewegung,
Tanz, Gesundheit, Lebensfreude.

(LP und Kassette von Agil Musikproduktion)

Zum Geleit

Trotz aller Mahnungen, um körperliche Bewegung mit Anspannung des Herz-Kreislauf-Systems bemüht zu sein, nimmt die Bewegungsarmut erheblich zu. Geradezu besorgniserregend geht auch die Freude an körperlicher Betätigung zurück. Unter Beachtung des immer noch nicht gelösten Leib-Seele-Problems müssen gezwungenermaßen Bewegungsarmut und Bewegungsmangel auch seelische Disharmonien fördern.
Ich selbst konnte Frau Wally Kaechele bei ihrer Arbeit mit gelähmten und kranken Menschen erleben. Es war mir eine Freude, feststellen zu können, daß es mit ihrem Einsatz und nach ihrer Methode gelang, auch den kranken Menschen durch die Tanztherapie wieder Freude an der Bewegung zu vermitteln. Diese Bewegungsfreude schafft neue Hoffnung und aktiviert positive Kräfte für den jeweiligen Heilungsprozeß.
Ich glaube, daß in dem Programm der Tanztherapie für Gesunde wie für Kranke auch eine Freizeitbeschäftigung gefunden ist, die den Einzelnen wieder körperlich-seelisch harmonisiert, ihn wieder freudfähig macht. Gerade diese Freudfähigkeit, die uns allen verloren zu gehen droht, ist notwendig, um auch wieder positive gesellschaftliche Strukturen zu erzielen. Im Sinne der Vorsorge und im Sinne der Nachsorge sehe ich in der Tanztherapie ein wertvolles Zusatzangebot, das einen sicheren und festen Standort erringen wird.

Ich wünsche dem Buch viel Erfolg.

Bad Wiessee, im Juni 1981   Dr. med. Paul Drisch
                                  Chefarzt

Lieber Leser,

dieses Buch wird Ihnen nicht nur viel Freude bereiten und Ihr Leben bereichern, es wird auch auf die angenehmste Weise Ihrer Gesundheit dienen. Der menschliche Körper braucht ein ausgewogenes Maß an Bewegung, wenn er sein physisches und psychisches Gleichgewicht nicht verlieren soll. Im allgemeinen sind Körperbewegungen Ausdruck von Empfindungen und inneren Reaktionen. Der Körper kann »sprechen«, d. h., die Bewegungen drücken die seelische Verfassung eines Menschen aus. Die Übungen dieses Buches sollen anregen, individuell abgestimmte Bewegungsabläufe zu entwickeln und neue Möglichkeiten des Ausdrucks zu entdecken. Mit Hilfe einer ausgewählten Musik wird, durch die Lösung innerer Spannungen und Verkrampfungen, ein wohltuendes, ja heilsames körperliches Erlebnis hervorgerufen.
Wohlbefinden und Gesundheit können nur durch Sport und Bewegungstherapie erhalten werden, da in unserer Gesellschaft auf Grund des technischen Fortschritts und der beruflichen Verhältnisse die körperliche Bewegung mehr und mehr zurückgedrängt wird.
Das vorliegende Buch soll mit umfangreichem, nützlichem Wissen und gründlichen Detailskenntnissen den vielen Bewegungsbehinderten in unserer Gesellschaft helfen. Denn der natürliche, aber oft unterdrückte Bewegungsdrang von Gesunden und Kranken, Kindern, Senioren und Behinderten muß unbedingt gefördert werden.
Diesem Gedanken folgend hat sich die Verfasserin bemüht, alle Übungen so darzustellen, daß sie allgemeinverständlich sind, der Übende sie also leicht nachvollziehen kann. Für die Arbeit von Pädagogen und Berufstherapeuten sind die Vorschläge eine Ergänzung der eigenen Kenntnisse. Der ausgebildete Bewegungs- und Tanztherapeut wird aus den verschiedenen Übungsbildern mit der eigenen Phantasie immer wieder neue Kombinationen und abwechslungsreiche Übungsformen herausarbeiten können.
Viele Jahre therapeutischer Erfahrung mit Gesunden und Bewegungsbehinderten haben ergeben, daß es allen Menschen Freude macht, sich einer neuen Therapieform anzuschließen, deren Effekt darin liegt, auf ganz natürliche Weise, ohne das Gefühl von Anstrengung und Konzentration, ungezwungene und unersetzliche Bewegungsabläufe zu vollziehen. Durch die unzähligen Ausdrucksmöglichkeiten des menschlichen Körpers wird so auch ein seelischer Ausgleich erreicht. Alle bisher bekannten Bewegungsweisen werden dabei bei weitem übertroffen.
Deshalb wird dieses Buch sowohl den Arzt oder Therapeuten begeistern, wie es all jenen hilft, die mit den bisherigen Formen bewegungs- und psychotherapeutischer Art nicht zurechtgekommen sind: Gesunden, Behinderten und Kranken.

Oberstdorf, im Mai 1981   Ulrich Heinbach
                                      Bundesverband für Tanztherapie

Beatspielereien

Anwendungsmöglichkeiten

1. Im Sitzen
2. Im Liegen
3. Im Stand in leichter Grätsche
4. In der Fortbewegung mit den verschiedensten Schrittkombinationen
5. Partner nebeneinander oder gegenüber

Der Musiktip

Platte: »Tanz, Gesundheit, Lebensfreude«
– Play Beat – 4 Takte Vorspiel
– Boogietrott – 4 Takte Vorspiel
oder jede andere Beatplatte im mittleren Tempo.

Hier ist jeder sein eigener »Choreograph«. Viele Bewegungsmuster kann man selbst entdecken und im Rhythmus der Musik ausdrücken. Einige Bewegungsvorschläge finden Sie in folgenden Übungen.

ÜBUNG 1

Die abgewinkelten Arme (W-Stellung) nach unten kippen und wieder nach oben.

Im Wechsel 4- bis 8mal

Arme hoch, Arme unten

ÜBUNG 2

»Wolle wickeln«

Die Hände umeinanderdrehen.

8- bis 12mal

»Wolle wickeln«

ÜBUNG 3

»Korkenzieherbewegung«

Die rechte Hand greift nach links, Hand dabei drehen.

Die linke Hand greift nach rechts, Hand dabei drehen.

Im Wechsel 4- bis 8mal

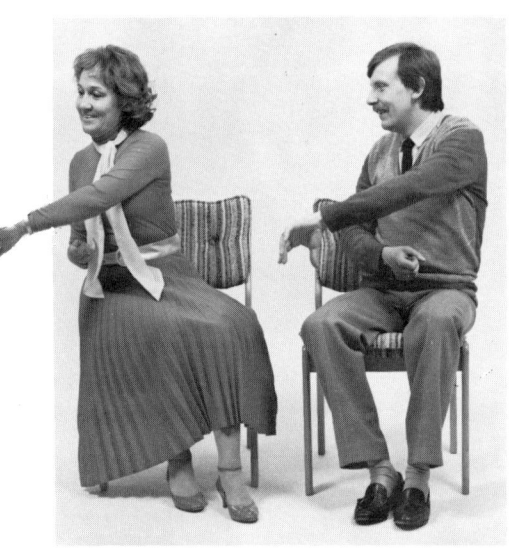

»Korkenzieher«

BEATSPIELEREIEN

ÜBUNG 4

»Anhalter«

Den rechten Daumen und Arm nach rechts herausstrecken.

Den linken Daumen und Arm nach links herausstrecken.

Im Wechsel einmal nach rechts einmal nach links.

4- bis 8mal

»Anhalter«
rechter Daumen

»Anhalter«
linker Daumen

ÜBUNG 5

»Scheibenwischen«

Die Hände einzeln gegeneinander oder auch miteinander kreisend bewegen, nach oben, unten, zur Seite und in alle Richtungen, wohin die Arme reichen.

»Scheibenwischen«

Mit dem gegenübersitzenden Partner zusammen »Scheibenwischen« üben.

BEATSPIELEREIEN

ÜBUNG 6

Die Hände vor der Brust oder dem Kopf kreuzen und wieder öffnen.

Im Wechsel 4- bis 8mal

Kreuzen

Öffnen

ÜBUNG 7

»Notbremse«

Die rechte Hand kurz von oben nach unten ziehen.

4- bis 8mal

»Notbremse«

ÜBUNG 8

Beide Arme nach oben strecken.

Beide Arme nach unten strecken.

Im Wechsel 2- bis 4mal

Die Arme strecken nach oben und unten.

Der Übungstip und anderes

Bei allen Übungen im Oberkörper leicht nachfedern und wippen, die Schultern dabei so locker wie möglich lassen.

Alternativ zu den Übungen 1-8
Zu Übung 1: Finger spreizen oder mit den Fingern schnipsen.
Zu Übung 2: Tempo- und Richtungswechsel zwischendurch möglich.
Zu Übung 3: Die Hände verschieden hoch und tief greifen lassen.
Zu Übung 4: Beide Daumen und Arme gleichzeitig im Achterbogen nach rechts und links schwingen.
Zu Übung 5: Den Oberkörper in die verschiedenen »Wischbewegungen« mit einbeziehen.
Zu Übung 6: Die Hände beim Kreuzen und Öffnen jeweils einmal nachwippen lassen.
Zu Übung 8: »Schnipshände«, jeweils oben und unten mit den Fingern schnipsen.

Zahlenballett

Anwendungsmöglichkeiten

1. Im Sitzen
2. Im Liegen
3. Im Stand in leichter Grätsche
4. Partner nebeneinander oder gegenüber

Musiktip

Platte: »Tanz, Gesundheit, Lebensfreude«
– Romantik-Ballett – 4 Takte Vorspiel
– Lost Dreams – 4 Takte Vorspiel
oder jede andere Musik im langsamen Tempo,
auch klassische Musik eignet sich sehr gut.

Die tanzenden Zahlen kann jeder allein oder auch mit einem Partner üben.
Die Zahlen 1, 2, 3, 4, 5, 6, 7, 8, 9, 0 zeichnen wir mit beiden Händen und Armen in die Luft. Jede Zahl wird vor- und rückwärts »geschrieben«.
Mit wieviel Schwung, wie groß oder wie klein, ob mit einer Hand oder nur mit dem Finger, bleibt jedem selbst überlassen.

»Zahlenballett«

ÜBUNG 1

Die Zahl 1

Beide Arme mit Schwung von links nach rechts oben und dann nach rechts unten, danach das Ganze zurück nach rechts oben ...

Links beginnen

Rechts oben

Rechts unten

ZAHLENBALLETT

ÜBUNG 2

Die Zahl 2

Beide Arme mit Schwung im Bogen von links über rechts oben nach links unten und gerade nach rechts, dann das Ganze zurück nach links...

ÜBUNG 3

Die Zahl 3
»Die Schlange«

Beide Arme mit schwungvollen Bögen von links über rechts oben nach links über, rechts und wieder nach links, dann das Ganze zurück nach rechts...

ZAHLENBALLETT

ÜBUNG 4

Die Zahl 4
»Das Segelschiff«

Beide Arme schwingen von rechts nach links, dann hoch nach rechts oben und nach rechts unten, und das Ganze zurück nach oben...

Beginn von rechts...

...nach links

...nach oben

ZAHLENBALLETT

ÜBUNG 5

Die Zahl 5

Beide Arme schwingen von rechts oben nach links oben, nach unten Mitte, dann im weiten Bogen nach rechts und weiterschwingen nach links, danach das Ganze zurück nach rechts…

ÜBUNG 6

Die Zahl 6
»Die Schnecke«

Beide Arme schwingen im großen Bogen von rechts oben über links oben nach links unten, weiter in einen Kreis nach links und wieder das Ganze zurück…

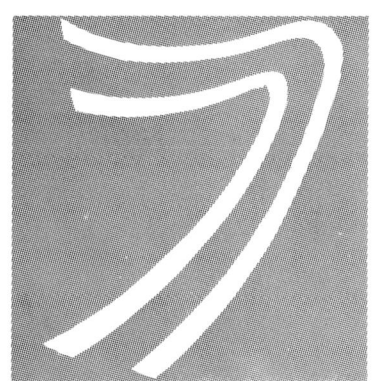

ÜBUNG 7

Die Zahl 7

Beide Hände schwingen von links oben nach rechts oben, danach diagonal nach links unten, dann das Ganze zurück...

ÜBUNG 8

Die Zahl 8

Beide Arme schwingen von rechts oben angefangen in einer großen Acht und wieder zurück...

ÜBUNG 9

Die Zahl 9

Beide Arme schwingen von rechts oben über links oben in einem Kreis, dann mit Schwung nach unten links und wieder zurück...

ÜBUNG 10

Die Zahl 0

Beide Arme beginnen von rechts oben mit einem schwungvollen Kreis, gleich zweimal hintereinander, dann umgekehrt das Ganze zurück...

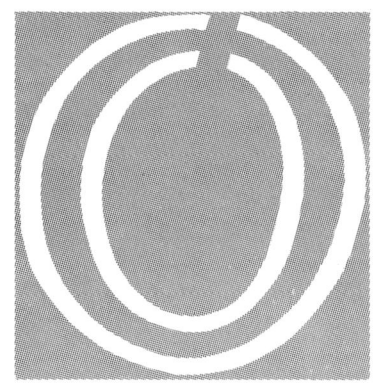

Alle Zahlen nach langsamer Musik hintereinander tanzen und den Schwung der jeweils vorhergehenden Bewegungszahl ausnutzen. Selbstverständlich können die Zahlen mehrmals hintereinander oder auch einzeln getanzt werden.

Wenn einige Zahlen auf den Rücken gelegt werden, entstehen neue Bewegungsmuster, zum Beispiel die Zahl 3.

ÜBUNG 11

Schwungvolle Armbewegungen, den Körper an jedem Bogenende strecken und den Kopf mitbewegen.

Auch andersherum möglich!

ÜBUNG 12
Die liegende 6

Hierbei nach jedem Schwung die Körperstreckung nach links und rechts nicht vergessen und den Kopf mitnehmen.

ÜBUNG 13
Die liegende 8

Schwungvolle Armbewegungen mit gleichzeitiger Körperneigung (Schultern!), den Kopf locker mitbewegen.

ÜBUNG 14
»Der Schreibtisch«

Noch viele andere Bewegungsmuster erreicht man, wenn die Zahlen in der Horizontalen geschrieben werden, d. h. in Nabel- oder Brusthöhe. Dabei den Umkreis der ausgebreiteten Arme nutzen.

Alle Zahlen »schreibt« man, je nach Bewegungsvermögen mit großen oder auch kleinen Schwüngen.

Der Übungstip und anderes

Für viele Teile unseres Körpers lassen sich die Bewegungszahlen ebenfalls anwenden.

Zum Beispiel:
einzelne Finger – Hände – Ellenbogen – Kopf – Augen – Schultern – Rumpf – Becken – Hüften – Beine – Füße
Beine und Füße eignen sich besonders für Balanceübungen.

ZAHLENBALLETT

Dance Little Bird

Anwendungsmöglichkeiten

1. Im Sitzen
2. Im Stand
3. In der Fortbewegung mit den verschiedensten Schrittkombinationen
4. Partner nebeneinander oder gegenüber

Der Musiktip

Platte: »Tanz, Gesundheit, Lebensfreude«
– Dance Little Bird – 4 Takte Vorspiel

Ein lustiges Tanzspiel, das schnell gute Laune verbreitet.

ÜBUNG 1

Arme in W-Stellung, jeweils 4 Finger bilden mit dem Daumen den »Schnabel«. Die Finger mit schnellen Bewegungen auf- und zuklappen.

4mal »schnäbeln«

»Schnäbeln«

ÜBUNG 2

Die abgewinkelten, nach oben gestellten Arme (Flügel) nach unten und oben bewegen.

4mal »Flügelschlagen«

»Flügelschlagen«

Absender:

Name _____

Straße _____

PLZ _____ Wohnort _____

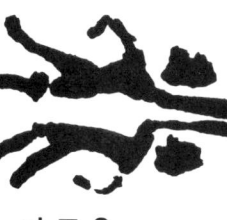

**empfohlen vom
Bundesverband für
Tanztherapie e.V.**

AGIL-Records
Abt.: Versand

Wendelsteinstraße 11

D-8016 Feldkirchen
bei München

50 Pfg.

Bestellkarte:

MUSIK UND BEWEGUNG 1
(mit Wally Kaechele + Orchester Ambros Seelos)

AGIL-Records — Stereo 1004

LP Stück .... **MC Stück** ....

STÜCKPREIS

DM 22.—

Zahlungsweise:
○ per Scheck
○ per Nachnahme

.... Unterschrift

AGIL · Telefon 0 89 / 9 03 20 86 (München)

ÜBUNG 3

Den Oberkörper nach rechts und links bewegen (twisten) und dabei nach vorne beugen.

4mal twisten

ÜBUNG 4

Im Rhythmus der Musik in die Hände klatschen.

4mal klatschen

Die Übungen 1–4 hintereinander tanzen, und 3mal wiederholen. Diese Übungen können wieder durch eigene Ideen erweitert und ausgetauscht werden.

Nach vorn twisten

Übungshilfe und anderes

Auf Musikteil 1 (»Vogelmotiv«) die Übungen 1–4 tanzen und 3mal wiederholen, danach auf Musikteil 2 nach rechts und links schunkeln oder mit ausgebreiteten Armen – Flügelschlagen – bis der Musikteil 1 wieder beginnt.
Für alle die sich fortbewegen können, wird der Musikteil 2 mit dem Partner gemeinsam getanzt, dann gibt es viele Möglichkeiten, z. B. den rechten Arm in den linken Arm des Partners einhaken und einen Rundgang hintereinander tanzen. Dazu kann man verschiedene Schrittrhythmen anwenden, ebenso die Arme wechseln.

Crazy Pelikan

Anwendungsmöglichkeiten

1. Im Sitzen
2. Im Liegen
3. Im Stand in leichter Grätsche
4. In der Fortbewegung mit den verschiedensten Schrittkombinationen
5. Partner nebeneinander oder gegenüber

Musiktip

Platte: »Tanz, Gesundheit, Lebensfreude«
– Crazy Pelikan – 4 Takte Vorspiel
oder jede Beatplatte im mittleren Tempo.

Der Übungstip und anderes

Alle Pelikanbewegungen sind beliebig austauschbar und auch in der Tempobestimmung dem Teilnehmerkreis entsprechend anzuwenden.
Viele andere Bewegungsmuster sind ebenfalls möglich.

Ein beliebter Tanz, der durch seine verschiedenen Ausdrucksmöglichkeiten viel Spaß bereitet. Das Flügelschlagen oder der tapsige Gang des Pelikans werden durch Arm- und Schulterbewegungen nachgeahmt.
Hier werden zwei von vielen Pelikanformen vorgestellt.

ÜBUNG 1

Klatschen

1 Rechte Hand auf rechten Oberschenkel schlagen;

2 linke Hand auf linken Oberschenkel schlagen;

3 rechte Hand auf die rechte Stuhllehne (Seite) oder auf das rechte Nachbarknie schlagen;

4 linke Hand auf die linke Stuhllehne (Seite) oder auf das linke Nachbarknie schlagen.

   1–4   8mal durchtanzen

Auf die Nachbarknie

Eigene Knie

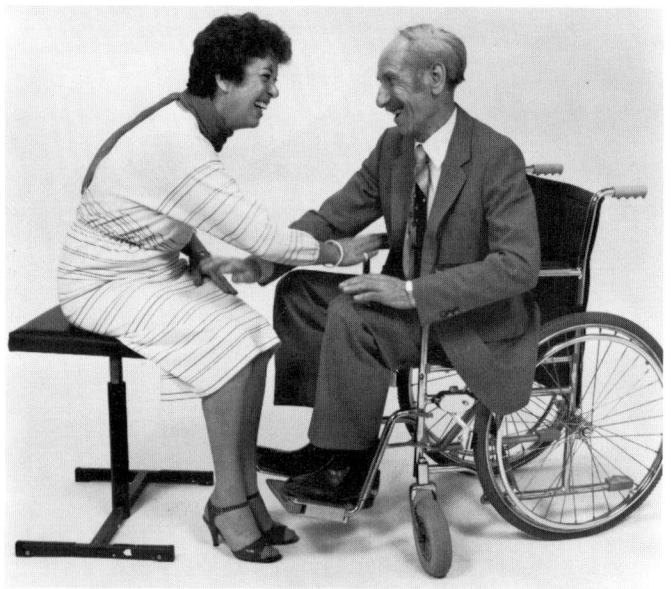

Nachbarknie

Gegenüberstellung der Partner

ÜBUNG 2

»Pelikangang«

1 Rechte Hand und rechte Schulter vor;
2 linke Hand und linke Schulter vor;
3 rechte Hand und rechte Schulter vor;
4 linke Hand und linke Schulter vor.

Den Oberkörper bei jedem »Taps« immer weiter nach vorne nehmen.

5 Rechte Hand und rechte Schulter zurück;
6 linke Hand und linke Schulter zurück;
7 rechte Hand und rechte Schulter zurück;
8 linke Hand und linke Schulter zurück.

Den Oberkörper bei jedem »Taps« immer weiter zurücknehmen.

1–8 einmal durchtanzen

Der »tapsige Pelikangang«

Übungshilfe: breitbeinig und gewichtig mit den Händen nach vorn und zurück gehen, die Schultern unterstützen dabei die Bewegung.

ÜBUNG 3

»Klettern«

1 Rechte Hand und rechte Schulter hoch;
2 linke Hand und linke Schulter hoch;
3 rechte Hand und rechte Schulter hoch;
4 linke Hand und linke Schulter hoch.

Hoch und höher klettern!

5 Rechte Hand und rechte Schulter runter;
6 linke Hand und linke Schulter runter;
7 rechte Hand und rechte Schulter runter;
8 linke Hand und linke Schulter runter.

Wieder herunterklettern!

1–8 einmal tanzen

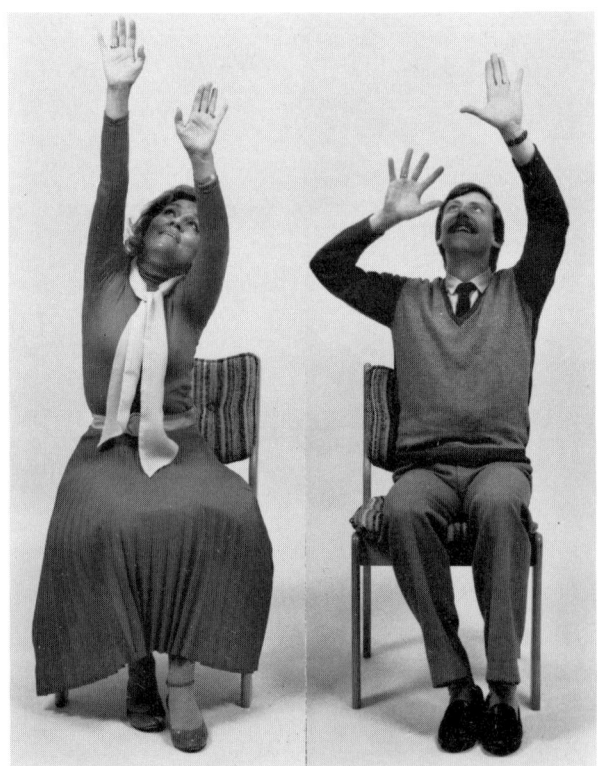

Nach oben
»klettern«

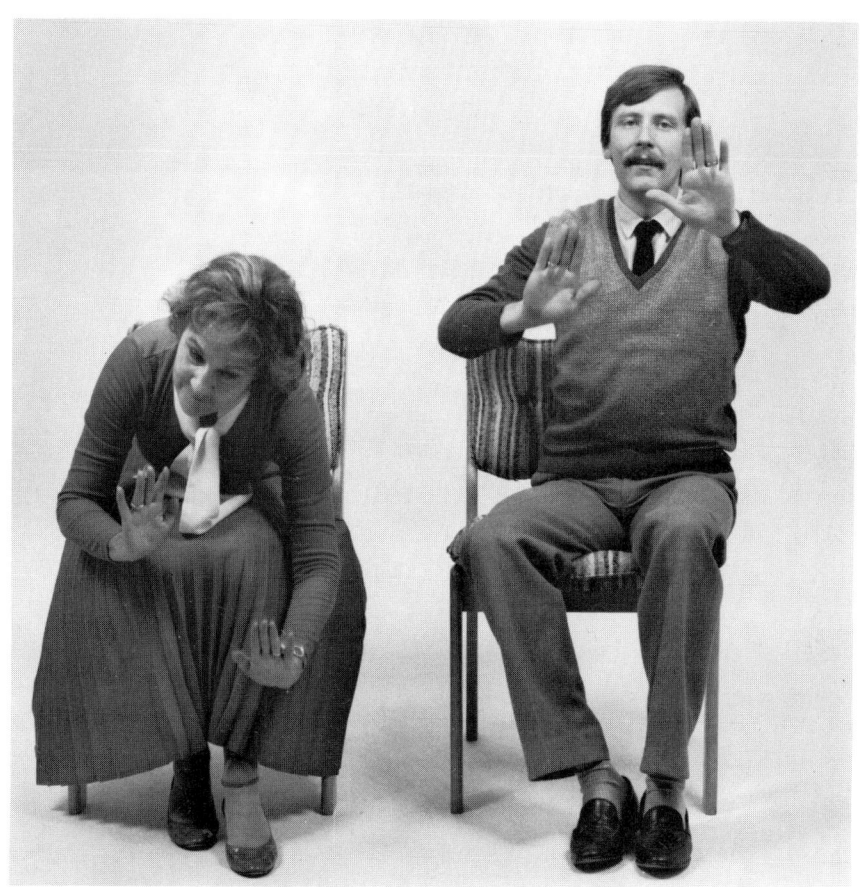

Nach unten »klettern«

Tanzfolge Pelikan

Übung 1   1–4   8mal Klatschteil
Übung 2   1–8   1mal Pelikangang
Übung 3   1–8   1mal Klettern
Übung 2   1–8   1mal Pelikangang
Übung 3   1–8   1mal Klettern

Danach beginnt der Tanz wieder von vorn!

Crazy Pelikan II.

Ein zweiter Tanzvorschlag

ÜBUNG 1

»Flügelschlagen«

Die abgewinkelten Arme nach unten und oben (= ein Flügelschlag) bewegen, dabei nach jedem halben »Flügelschlag« einmal nachfedern.

8mal wiederholen

Ein schnelleres Tempo ist ebenfalls möglich, dann beim »Flügelschlagen« nicht nachfedern, und 16mal wiederholen.

Die Flügel unten   Die Flügel oben

ÜBUNG 2

»Pelikangang«

Dieses Mal ein gemütlicher »Pelikangang«, nur nach vorne gehen, jeweils ein »Taps« auf 2 Takte.

1, 2   Rechte Hand und rechte Schulter vor;
3, 4   linke Hand und linke Schulter vor;
5, 6   rechte Hand und rechte Schulter vor;
7, 8   linke Hand und linke Schulter vor.

Bei schnellerem Tempo ist auch der »Pelikantanz« Übung 2 des ersten Tanzvorschlags möglich.

ÜBUNG 3

»Pelikansprung«

Statt des Pelikangangs sind auch »Sprünge« möglich, dabei nachfedern.

1, 2   Beide Hände »springen« nach rechts;
3, 4   beide Hände »springen« nach links;
5, 6   beide Hände »springen« nach vorn;
7, 8   beide Hände »springen« zurück.

ÜBUNG 4

»Flattern«

Die Arme seitlich ausstrecken und die Arme schüttelnd drehen, die Schultern dabei auf- und abbewegen. Die Schüttelbewegungen sind auch nach vorne oder nach oben möglich.

Schnelle Schüttelbewegungen 8mal wiederholen.

Tanzfolge »Crazy Pelikan«

Übung 1	1–8	8 oder 16mal »Flügelschlagen«
Übung 2	1–8	1mal »Pelikangang«
Übung 4	1–8	»Flattern«
Übung 2	1–8	1mal »Pelikangang«
Übung 4	1–8	»Flattern«

Schütteln oben

Schütteln seitlich

Danach beginnt der Tanz wieder von vorne. Alternativ ist statt Übung 2 auch Übung 3 möglich.

Walzerkarussell

Anwendungsmöglichkeiten

1. Im Sitzen
2. Im Stand in leichter Grätsche
3. In der Fortbewegung mit den verschiedensten Schrittkombinationen
4. Partner nebeneinander oder gegenüber

Der Musiktip

Platte: »Tanz, Gesundheit, Lebensfreude«
– Mexikanisches Walzerkarussell – 4 Takte Vorspiel
Jeder Walzer im mittleren Tempo, aber auch langsamer Walzer möglich.

Fröhliches Walzerschunkeln, Drehungen mit dem Oberkörper und Klatschschläge im Walzerrhythmus machen gute Laune.

Haltung: Die Hände auf die Sessellehne, auf die Oberschenkel oder in die Nachbarhände legen.

Schunkeln nach rechts

ÜBUNG 1

Schunkeln

Mit dem Oberkörper abwechselnd im Dreierrhythmus nach rechts und links pendeln.

Einige Male wiederholen.

Zählhilfe: rechts, 2, 3   links, 2, 3 ...

Schunkeln nach links

ÜBUNG 2

Mit dem Oberkörper abwechselnd nach vorn und hinten schwingen.

Einige Male wiederholen.

Zählhilfe: vor, 2, 3   rück, 2, 3 ...

ÜBUNG 3

Die Arme nach oben strecken, dabei den Oberkörper mit hochziehen (spannen) und die Arme wieder nach unten nehmen, dabei den Oberkörper entspannen.

Zählhilfe: hoch, 2, 3   runter, 2, 3 ...

Die Arme hoch

ÜBUNG 4

Mit dem Oberkörper einen vollen Kreis nach rechts oder links drehen.
Die Drehung kann auch mehrere Male hintereinander getanzt werden, ebenso im Wechsel entgegengesetzt.

Zählhilfe: drehn, 2, 3   drehn, 2, 3 ...

WALZERKARUSSELL

Der Übungstip und anderes

Die Übungen können in beliebigem Wechsel aneinandergereiht werden, auch selbsterfundene Bewegungsmuster, dabei immer den vorgegebenen Dreierrhythmus benutzen. Das Händeklatschen ist möglich vor und seitlich des Körpers, über dem Kopf oder in die Hände des Partners.

Ein Tanzvorschlag von vielen anderen Möglichkeiten:
3 mal 4 Takte Übung 1   – Klatschteil mitklatschen –
1 mal 1 Takt   Übung 4   volle Drehung
1 mal 2 Takte Übung 1 und 2 Takte Übung 2 (oder 3)
1 mal 2 Takte Übung 1 und 2 Takte Übung 2 (oder 3)
1 mal 2 Takte Übung 1 und 2 Takte Übung 2 (oder 3)
1 mal 1 Takt   Übung 4   volle Drehung
von vorne beginnen

Boogietrott

Anwendungsmöglichkeiten

1. Im Sitzen
2. Im Liegen
3. Im Stand in leichter Grätsche
4. In der Fortbewegung mit den verschiedensten Schrittkombinationen
5. Partner nebeneinander oder gegenüber

Der Musiktip

Platte: »Tanz, Gesundheit, Lebensfreude«
– Boogietrott – 4 Takte Vorspiel
oder jede andere Beat-, Jive- oder Rock'n'Roll-Musik im mittleren oder schnellen Tempo.

Ein fröhliches Tanz- und Bewegungsspiel für alle, die Freude an unbekümmerten Bewegungsformen haben und selbst gerne neue dazu erfinden.

ÜBUNG 1

Mit beiden Händen auf die Oberschenkel schlagen.

4- bis 8mal

Die Hände auf Oberschenkel

ÜBUNG 2

In die Hände klatschen!

4- bis 8mal

In die Hände klatschen

41 BOOGIETROTT

ÜBUNG 3

Rechte Hand über die linke Hand »fächern«.

4- bis 8mal

Linke Hand über die rechte Hand »fächern«.

4- bis 8mal

Rechte Hand »fächern«
und linke Hand »fächern«

ÜBUNG 4

Rechte Faust auf die linke Faust schlagen.

4- bis 8mal

Linke Faust auf die rechte Faust schlagen.

4- bis 8mal

Die rechte Faust

ÜBUNG 5

Mit rechtem Daumen über rechte Schulter zeigen.

4- bis 8mal

Mit linkem Daumen über die linke Schulter zeigen.

4- bis 8mal

Der rechte Daumen

ÜBUNG 6

Beide Hände auf der rechten Seite nach unten stoßen.

2- bis 4mal

Beide Hände auf der linken Seite nach unten stoßen.

2- bis 4mal

Die Hände stoßen nach rechts

ÜBUNG 7

Beide Arme hoch über den Kopf strecken, beide Arme nach unten strecken, den Kopf dabei mitnehmen.

2mal

Arme hoch   Arme unten

Zählhilfe: hoch-runter,   hoch-runter

BOOGIETROTT

ÜBUNG 8

Rechten Arm hochstrecken und mit der Hand das
»Lasso schwingen«.

4- bis 8mal

»Lasso schwingen«

Die Übungen 1–8 hintereinander tanzen und jede Übung jeweils
4- oder 8mal wiederholen.

Der Übungstip und anderes

Bei allen Übungen den Körper im Rhythmus der Musik
mitbewegen, d. h., die vorgeschlagenen Bewegungen nicht
isoliert ausführen.

Mondgesicht

Anwendungsmöglichkeiten

1. Im Sitzen
2. Im Liegen
3. Im Stand in leichter Grätsche
4. Partner nebeneinander oder gegenüber

Der Musiktip

Platte: »Tanz, Gesundheit, Lebensfreude«
– Mondgesicht – 4 Takte Vorspiel
– Stopp – 4 Takte Vorspiel
oder jede andere Beatplatte im mittleren Tempo.

Eine Tanzchoreographie, die nicht nur Spaß macht und den Rhythmus schult, sondern auch die Reaktionen der Teilnehmer testet.

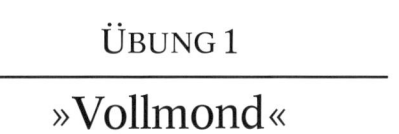

ÜBUNG 1
»Vollmond«

Mit beiden Armen schwungvoll zweimal hintereinander einen großen Kreis (das »Gesicht«) zeichnen. Wir beginnen über dem Kopf!

Zählhilfe: Schwung-Schwung

»Gesicht«

ÜBUNG 2

»Augen«

Beide Handflächen im Abstand zueinander, die Unterarme dabei spannen und die Hände zweimal kurz und kräftig nach unten und nach oben bewegen (die »auseinanderstehenden Augen« zeichnen).

Zählhilfe: Augen-Augen

Die »Augen« oben   Die »Augen« unten

ÜBUNG 3

»Nase«

Beide Handflächen nahe zusammen und die Hände zweimal kurz und kräftig nach unten und oben bewegen (die »enge Nase« zeichnen).

Zählhilfe: Nase-Nase

Die »Nase« oben   Die »Nase« unten

ÜBUNG 4

»Mund«

Beide Ellenbogen zweimal kurz und kräftig nach außen stoßen (den »breiten, lachenden Mund« zeichnen).

Zählhilfe: Mund-Mund

»Mund«

Die Übungen 1–4 nacheinander ohne Pause fortlaufend wiederholen.

Das Mondgesicht kann noch erweitert werden zum »Mondmann«, dann können noch einige Bewegungen in der Fortsetzung dazugenommen werden, zum Beispiel im Takt:

1, 2 rechten Arm zweimal kurz nach rechts stoßen,
Zählhilfe: Arm-Arm;

3, 4 linken Arm zweimal kurz nach links stoßen,
Zählhilfe: Arm-Arm;

5, 6 Beide Hände zweimal kurz neben den Körper nach unten stoßen,
Zählhilfe: Bauch-Bauch;

7, 8 beide Hände zweimal kurz nach vorne in Richtung Beine stoßen,
Zählhilfe: Fuß-Fuß.

Alternativ für Stehende:
7   rechten Fuß aufstampfen;
8   linken Fuß aufstampfen.

Der Übungstip und anderes

> Das Mondgesicht und der Mondmann machen als Tanzspiel sehr viel Spaß, wenn die Bewegungen auf die Musik – Stopp – ausgeführt werden. Bei jedem Musikstopp – eine schnelle Reaktion – die Bewegung anhalten und von vorne beginnen wenn die Musik wieder einsetzt.
> Hier gibt es noch viele andere Möglichkeiten auszuprobieren.

Charleston

Anwendungsmöglichkeiten

1. Im Sitzen
2. Im Liegen
3. Im Stand
4. Partner nebeneinander oder gegenüber

Der Musiktip

Platte: »Tanz, Gesundheit, Lebensfreude«
– Lady Charleston – 4 Takte Vorspiel
oder jede andere Charlestonmusik im mittleren Tempo.

Der Übungstip und anderes

Bei allen Übungen das »Charlestonwippen« nicht vergessen.
Bei allen Übungen sind auch rhythmische Wechsel, zum Beispiel langsame und schnelle Handsteps, sehr reizvoll.
Viele andere Bewegungsmuster können noch zusätzlich aus dem Charleston übernommen werden.

Die gute alte Zeit! Lebhafte Musik verlangt auch fröhliche Bewegungsmuster. Hier werden einige vorgestellt.

Haltung:
Hände nebeneinander in Brusthöhe, die Ellenbogen nahe beim Körper.

VORÜBUNG

Mit beiden Händen und dem Oberkörper im Rhythmus auf- und abwippen.

ÜBUNG 1

Beide Hände »springen« vor und zurück.

4- bis 8mal

»Charlestonwippen«

ÜBUNG 2

Beide Hände »springen« einmal diagonal nach rechts vor und zurück und einmal nach links ...

Sprung diagonal nach rechts

Sprung zurück

Sprung diagonal nach links

CHARLESTON 54

ÜBUNG 3

Hände auseinanderklappen, dabei drehen die Ellenbogen gleichzeitig nach außen.

Hände wieder zusammen, dabei drehen die Ellenbogen wieder neben den Körper.

Im Wechsel 4- bis 8mal

Auseinander   Zusammen

ÜBUNG 4

»Flügelschlagen«

Hände zweimal auseinander- und zusammenklappen (siehe Übung 3), dabei den rechten Ellenbogen hoch, der Oberkörper neigt sich nach links; dann wechseln und zweimal mit dem linken Ellenbogen und der Körperneigung nach rechts.

Im Wechsel 4- bis 8mal

Der rechte Ellenbogen, Körperneigung nach links

Der linke Ellenbogen, Körperneigung nach rechts

VORÜBUNG

Beide Hände nebeneinander »auf- und abwippen«.

ÜBUNG 5

1 Die rechte Hand vor;
2 die rechte Hand wieder zurück neben die linke Hand;
3 die linke Hand zurück;
4 die linke Hand wieder vor neben die rechte Hand.

Im Wechsel 4- bis 8mal

Die linke Hand zurück

CHARLESTON

Vorübung

Beide Hände nebeneinander »auf- und abwippen«.

Übung 6

»Zopf«

1 Die rechte Hand kreuzt vorn im Bogen über den linken Arm;
2 die rechte Hand wieder neben die linke Hand;
3 die linke Hand kreuzt zurück im Bogen über den rechten Arm;
4 die linke Hand wieder neben die rechte Hand.

1–4 im Wechsel 4- bis 8mal

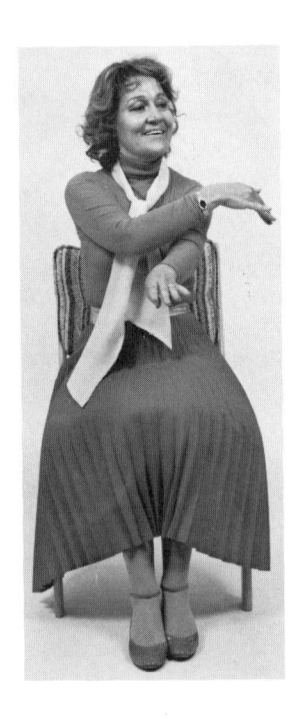

Die rechte Hand kreuzt vor    Die linke Hand kreuzt hinter

CHARLESTON

VORÜBUNG

Beide Hände nebeneinander »auf- und abwippen«, danach

ÜBUNG 7

1 den rechten Arm diagonal nach links oben strecken;
2 die rechte Hand neben die linke Hand.

4- bis 6mal

Alternativ auch mit dem linken Arm möglich, dann im Wechsel mit dem rechten Arm.

Den rechten Arm
nach links oben

ÜBUNG 8

Mit hochgestellten Handflächen nach rechts und links Halbkreise schlagen, die Schultern und den Kopf mitbewegen.

4- bis 8mal

Nach rechts

Nach links

Nach rechts

CHARLESTON

ÜBUNG 9

»Charlestonstep«

1 Rechte Hand und rechte Schulter vor;
2 linke Hand und linke Schulter vor;
3 rechte Hand und rechte Schulter vor;
4 linke Hand und linke Schulter vor.

Dann den Charlestonstep wieder zurück.

Alle Charlestonübungen kann man hintereinander tanzen, jedoch auch in jeder anderen beliebigen Reihenfolge.

Die rechte Hand vor   Die linke Hand vor

Fingerballett

Anwendungsmöglichkeiten

1. Im Sitzen
2. Im Liegen
3. Im Stand
4. Partner nebeneinander oder gegenüber

Der Musiktip

Platte: »Tanz, Gesundheit, Lebensfreude«
– Dancing Fingers – Step By Step – 4 Takte Vorspiel
oder jede andere lebhafte und fröhliche Musik.

Der Tanz der Finger. Es macht viel Freude, im Rhythmus der Musik immer neue Fingerspiele zu entdecken und sie auch auszuführen. Gleichzeitig ist das eine gute Möglichkeit, unsere Finger beweglich zu erhalten.

ÜBUNG 1

1 Finger kräftig spreizen;
2 Finger fest schließen (Fäuste).

4- bis 8mal

Die Finger spreizen und schließen

FINGERBALLETT

ÜBUNG 2

Die einzelnen Finger nacheinander fest auf die Daumen pressen und wieder lösen. Der Zeigefinger beginnt, dann der nächste, bis zum kleinen Finger und wieder zurück.

2- bis 4mal

Die Finger auf die Daumen pressen

ÜBUNG 3

»Hasenohren«

Hände locker aus dem Handgelenk nach vorne fallen lassen und wieder zurück.

6- bis 8mal

»Hasenohren«

ÜBUNG 4

»Klavierspielen«

Die Finger einzeln nacheinander nach vorne fallen lassen.

4- bis 6mal

FINGERBALLETT

ÜBUNG 5

»Fähnlein auf dem Dache«

Hände aus dem Handgelenk nach innen und außen drehen.

6- bis 8mal

Hände drehen

ÜBUNG 6

»Walzerfinger«

Die Finger einzeln nacheinander drehen, der Daumen beginnt, der Zeigefinger usw. bis zum kleinen Finger, dann das Ganze wieder zurück bis zum Daumen.

2- bis 3mal

ÜBUNG 7

Die Hände spreizen, krallen, schließen!

4- bis 8mal

Spreizen

Krallen

Schließen

Danach die Hände locker ausschütteln.

FINGERBALLETT

ÜBUNG 8

Die Finger einzeln übereinanderpacken, den Zeigefinger auf den Daumen, den Mittelfinger auf den Zeigefinger usw. bis zum kleinen Finger.

Danach Finger wieder einzeln voneinander lösen.

2- bis 4mal

»Fingerpacken«

Danach die Hände locker ausschütteln.

Der Übungstip und anderes

Bei allen Fingerübungen den Körper im Rhythmus mitbewegen, zwischen den einzelnen Übungen öfter die Hände ausschütteln.
Weitere Fingerübungen kann man dem Alltag entnehmen, zum Beispiel Fingerschnipsen, klopfen, waschen, wringen, zwirbeln.

Trimmy

Anwendungsmöglichkeiten

1. Im Sitzen
2. Im Liegen, einige Übungen
3. Im Stand

Der Musiktip

Platte: »Tanz, Gesundheit, Lebensfreude«
– Play Beat – 4 Takte Vorspiel
Die Musikauswahl darf Ihrer Stimmung entsprechend, im Tempo schnell oder langsam sein.

Wir laden Sie ein zum »Trimmpfad«, eine gute Tanzgymnastik für alle, die beweglich bleiben wollen.

Sie werden viele Bewegungen aus dem Alltag wiedererkennen, jedoch feststellen: Mit Musik geht alles besser.

Kraulen　　　Schwimmen　　　Boxen

Rudern　　　Paddeln　　　Rudern

TRIMMY

Lasso schwingen   Seilchen   Lasso schwingen

Der Übungstip und anderes

Versuchen Sie bei allen vorgeschlagenen Übungen und den zusätzlich erfundenen so genau wie möglich die Bewegungen der Sportarten nachzuvollziehen.

Sie werden feststellen, wieviel Muskelgruppen dabei angesprochen werden.

Hoockey Coockey

Anwendungsmöglichkeiten

1. Im Sitzen
2. Im Liegen
3. Im Stand
4. In der Fortbewegung mit den verschiedensten Schrittkombinationen
5. Partner nebeneinander oder gegenüber

Der Musiktip

Platte: »Tanz, Gesundheit, Lebensfreude« – Hoockey Coockey – 4 Taktzeiten Vorspiel

Ein sehr bekannter Tanz, der viel Freude und Spaß macht. Der Text des Liedes, der mitgesungen wird, beschreibt gleichzeitig die Bewegungen, die von den Teilnehmern nachvollzogen werden sollen. Es werden 7 Strophen gesungen und getanzt, bei jeder Strophe wird ein Körperteil vorgestellt.

1. STROPHE

Mitsingen und mitbewegen.

1. Den rechten Arm nach vorne strecken,
   mitsingen: »Wir tun den rechten Arm rein«.

2. Den rechten Arm nach hinten strecken,
   mitsingen: »Den rechten Arm raus«.

HOOCKEY COOCKEY

3. Den rechten Arm nach vorne strecken, mitsingen: »Den rechten Arm rein«.

4. Den rechten Arm rundherum drehen, mitsingen: »Und drehn ihn rundherum«.

5. Dreimal in die Hände klatschen und dabei singen: »Wir klatschen in die Hände«.

6. Hände unter das Kinn legen und mit dem Kopf dreimal hin und her wackeln, mitsingen: »Und wackeln mit dem Kopf«.

7. Mitsingen: »Und singen laut im Chor«.

HOOCKEY COOCKEY

8. Beide Arme hoch und die Hände schüttelnd drehen, wieder herunternehmen und noch zweimal wiederholen,

mitsingen:

1 »o – oh Hoockey Coockey«,
2 »o – oh Hoockey Coockey«,
3 »o – oh Hoockey Coockey«,
4 »und jetzt noch mal von vorn«.

Bei 4 »und jetzt noch mal von vorn« beide Hände neben den Kopf halten, Schultern und Hände nach unten und oben bewegen.

Handhaltung »Und jetzt noch mal von vorn«

Alternativ zur Handhaltung im Rhythmus auf die Oberschenkel schlagen oder in die Hände klatschen und singen »Und jetzt noch mal von vorn«.

STROPHE 2

Wiederholung der 1. Strophe mit dem linken Arm.

STROPHE 3

Wiederholung der 1. Strophe mit der rechten Schulter.

Die rechte Schulter rein

Die rechte Schulter raus

STROPHE 4

Wiederholung der 1. Strophe mit der linken Schulter.

STROPHE 5

Wiederholung der 1. Strophe mit dem rechten Ohrläppchen.

Das linke Ohr rein

Das linke Ohr raus

Strophe 6

Wiederholung der 1. Strophe mit dem linken Ohr.

Strophe 7

Wiederholung der 1. Strophe mit dem ganzen Körper (Rumpf); dabei wird die Musik immer schneller.

Text: Hoockey Coockey

Wir tun den rechten Arm rein,
    den rechten Arm raus,
    den rechten Arm rein
    und drehn ihn rundherum.

Wir klatschen in die Hände,
    wackeln mit dem Kopf
    und singen laut im Chor
    o-oh Hoockey Coockey,
    o-oh Hoockey Coockey,
    o-oh Hoockey Coockey
    und jetzt noch mal von vorn.

O-oh Hoockey Coockey

Der Übungstip und anderes

Es ist auch möglich, andere Körperteile mit einzubeziehen, zum Beispiel im Stand (Kreis):
Strophe 1 und 2   rechter Arm, linker Arm;
Strophe 3 und 4   rechtes Bein, linkes Bein;
Strophe 5 und 6   rechte Hüfte, linke Hüfte;
Strophe 7   ganzer Körper, dabei in die Kreismitte und wieder herauslaufen, die Musik wird immer schneller.

K. o. (Knockout)

Anwendungsmöglichkeiten

1. Im Sitzen
2. Im Liegen
3. Im Stand
4. Partner nebeneinander oder gegenüber

Der Musiktip

Platte: »Tanz, Gesundheit, Lebensfreude«
– Mondgesicht – Play Beat – Crazy Pelikan –
oder jede andere lebhafte und fröhliche Musik.

Die »Boxschläge« in die verschiedensten Richtungen schlagen und zwischendurch rhythmische Wechsel einbauen, z. B. die Schläge doppelt oder dreifach hintereinander ausführen. Bei allen Übungen im Oberkörper leicht nachfedern und wippen, die Schultern mitbewegen.

Ein tänzerischer »Boxkampf« im Rhythmus der Musik.

Einige Vorschläge für Ihr »Boxprogramm«!

K.O. (KNOCKOUT)

Weitere Bewegungsvorschläge

Die Fäuste abwechselnd auf die verschiedenen Körperteile schlagen;

zum Beispiel:
Oberschenkel, Knie, Hüften, Po, Schultern, Handrücken, Handballen, Ellenbogen u. a.

Handrücken

K.O. (Knockout)

Ellenbogen   Hüfte

Der Übungstip und anderes

Gute Bewegungsmuster entstehen, wenn die Boxschläge zwischendurch gedreht (Korkenzieherbewegung), oder aber auch mit der Innenfaust geschlagen werden.

Kosakentanz

Anwendungsmöglichkeiten

1. Im Sitzen
2. Im Stand
3. In der Fortbewegung mit den verschiedensten Kombinationsmöglichkeiten
4. Partner nebeneinander oder gegenüber

Der Musiktip

Platte: »Tanz, Gesundheit, Lebensfreude«
– Tanz der Kosaken – 4 Takte Vorspiel
oder eine andere Platte Kasatschokmelodien

Ein Tanz mit wechselndem Tempo. Dadurch gibt es eine Reihe von Bewegungsmustern, die einmal in langsamer, einmal in schneller Ausführung im beliebigen Wechsel aneinandergereiht werden können.

ÜBUNG 1

Mit verschränkten Armen den Oberkörper nach rechts und links drehen und dabei im Rhythmus mit den Armen auf- und abwippen.

ÜBUNG 2

Hoch über dem Kopf in die Hände klatschen.

ÜBUNG 3

Die Hände auf die Nachbarschultern legen und mit dem Oberkörper im Takt der Musik nach rechts und links wiegen.

ÜBUNG 4

Die Hände hinter dem Kopf verschränken und mit dem Oberkörper auf- und abwippen, dabei den Kopf nach rechts und links drehen.

ÜBUNG 5

Rechte Hand am Hinterkopf, linke Hand auf dem Rücken – wechseln – linke Hand am Hinterkopf ...

Im Takt der Musik 4- bis 6mal

KOSAKENTANZ

ÜBUNG 6

»Kosakenstep«

Aufgestellte Arme = W-Stellung. Im Rhythmus der Musik die Hände im Wechsel nach vorne, nach hinten, nach links, nach rechts, über die andere Hand tanzen lassen.

ÜBUNG 7

Bewegungsvorschlag für langsamen Musikteil:

Mit beiden Armen von links nach rechts »das Pferd ziehen«.

Der Übungstip und anderes

Alternative für den langsamen Musikteil: mit ausgebreiteten Armen hin und her wiegen und dabei im Takt mit den Fingern schnipsen.
Alternative Klatschmöglichkeiten: neben dem Körper, hinter dem Rücken, unten und oben.
Alle Übungen bieten sich für den schnellen sowie auch für den langsamen Musikteil an, jedoch müssen alle Bewegungsmuster im Rhythmus angepaßt werden.

Der Dirigent

Anwendungsmöglichkeiten

1. Im Sitzen
2. Im Liegen
3. Im Stand in leichter Grätsche
4. Partner nebeneinander oder gegenüber

Der Musiktip

Platte: »Tanz, Gesundheit, Lebensfreude«
– Lost Dreams – 4 Takte Vorspiel
– Romantik Ballett – 4 Takte Vorspiel
oder jede andere langsame Musik.

Der Übungstip und anderes

Beim »Dirigieren« den Körper, d. h. besonders die Schultern, den Kopf und den Rumpf, mit in die Armbewegungen einbeziehen. Die Hände = einzelnen Finger mitbewegen, den Oberkörper mit Neigungen nach vorne, nach hinten, nach rechts, nach links, nach oben und nach unten.

Dirigieren macht Spaß! Gleichzeitig ist es eine gute Gymnastik für den gesamten Schulterbereich.

ÜBUNG 1

Beide Arme ausbreiten und die liegende Zahl Acht dirigieren.

Weitere Möglichkeiten zu dirigieren:

1. die Acht im Wechsel rechter und linker Arm;
2. die Acht mit beiden Armen seitlich neben dem Körper oder Arme abwechselnd;
3. die Acht in verschiedenen Höhen;
4. die Acht in verschiedenen Richtungen.

Die Arme zwischendurch immer wieder locker nach unten entspannen (nach unten dirigieren).

Bei dieser Tanzgymnastik sind noch sehr viele andere Bewegungsmuster möglich.
Versuchen Sie es selber einmal, neue zu entdecken.

DER DIRIGENT

Schrittmuster

Vorschläge für einige leichte Schrittkombinationen für alle, die sich bei ihren Bewegungsübungen fortbewegen können.

---

1. Schrittmuster

Schritt:	Zählhilfe:	Füße:
1	seit	LF seitwärts
2	tap	RF ohne Gewicht neben LF
3	seit	RF seitwärts
4	tap	LF ohne Gewicht neben RF

---

2. Schrittmuster

Schritt:	Zählhilfe:	Füße:
1	seit	LF seitwärts
2	tap	RF neben LF
3	seit	LF seitwärts
4	tap	RF ohne Gewicht neben LF
5–8		zur anderen Seite mit RF beginnend wiederholen

Die Schritte 4 und 8 können auch mit einem Kick ausgeführt werden.

---

3. Schrittmuster

Schritt:	Zählhilfe:	Füße:
1	seit	LF seitwärts
2	über	RF über den LF kreuzen
3	seit	LF seitwärts
4	tap	RF ohne Gewicht neben LF
5–8		zur anderen Seite mit RF beginnend wiederholen

Die Schritte 4 und 8 können auch hier mit einem Kick ausgeführt werden.

4. Schrittmuster

Schritt:	Zählhilfe:	Füße:
1	seit	LF seitwärts
2	hinter	RF hinter den LF kreuzen
3	seit	LF seitwärts
4	tap	RF ohne Gewicht neben LF
5–8	zur anderen Seite mit RF beginnend wiederholen	

Die Schritte 4 und 8 können hier auch mit einem Kick ausgeführt werden.

5. Schrittmuster

Schritt:	Zählhilfe:	Füße:
1, 2, 3	rück-rück-rück	LF, RF, LF rückwärts
4	tap	RF ohne Gewicht rückwärts
5, 6, 7	vor-vor-vor	RF, LF, RF, vorwärts
8	tap	LF ohne Gewicht vorwärts

Die Schritte 4 und 8 können hier auch mit einem Kick ausgeführt werden.

6. Schrittmuster

Schritt:	Zählhilfe:	Füße:
1	vor	RF vorwärts
2	seit	LF seitwärts
3	Schluß	RF neben LF
4	rück	LF rückwärts
5	seit	RF seitwärts
6	Schluß	LF neben RF

Die Schritte 1–6 können auch leicht rechtsdrehend getanzt werden.

7. Schrittmuster

Schritt:	Zählhilfe:	Füße:
1	drehen	RF vor
2	drehen	LF vor
3	drehen	RF vor
4	drehen	LF vor

Mit den Schritten 1–4 einen Kreis nach rechts gehen – auch linksherum möglich.
Dieses Schrittmuster kann jederzeit auch an alle anderen Schrittmuster angehängt werden.

Einige der vorgeschlagenen Schrittmuster eignen sich für viele Bewegungsspiele.
Zum Beispiel:
Beatspielereien und Boogietrott mit Schrittmuster 1–5,
Walzerkarussell mit Schrittmuster 6.

Abkürzungen und Erklärungen

RF	= rechter Fuß
LF	= linker Fuß
tap	= ohne Gewicht den Fuß auf den Boden stellen
kick	= den Fuß ohne Gewicht nach vorn, hinten oder seitwärts wegkicken
W	= W-Stellung der Arme
twisten	= Drehbewegungen

Wer noch weitere Schrittmuster und Tanzvorschläge sucht, findet ausführliche Beschreibungen in Wally Kaecheles Buch:

»Partytänze – Partyspiele«

Falken-Verlag, Niedernhausen